Impressum
Verlag: BABADADA GmbH, Nedderfeld 112 , 22529 Hamburg
Geschäftsführer / Verlagsleitung: Harald Hof
Druck: Books on Demand GmbH, In de Tarpen 42, 22848 Norderstedt

Imprint
Publisher: BABADADA GmbH, Nedderfeld 112 , 22529 Hamburg, Germany
Managing Director / Publishing direction: Harald Hof
Print: Books on Demand GmbH, In de Tarpen 42, 22848 Norderstedt, Germany

школа

школа

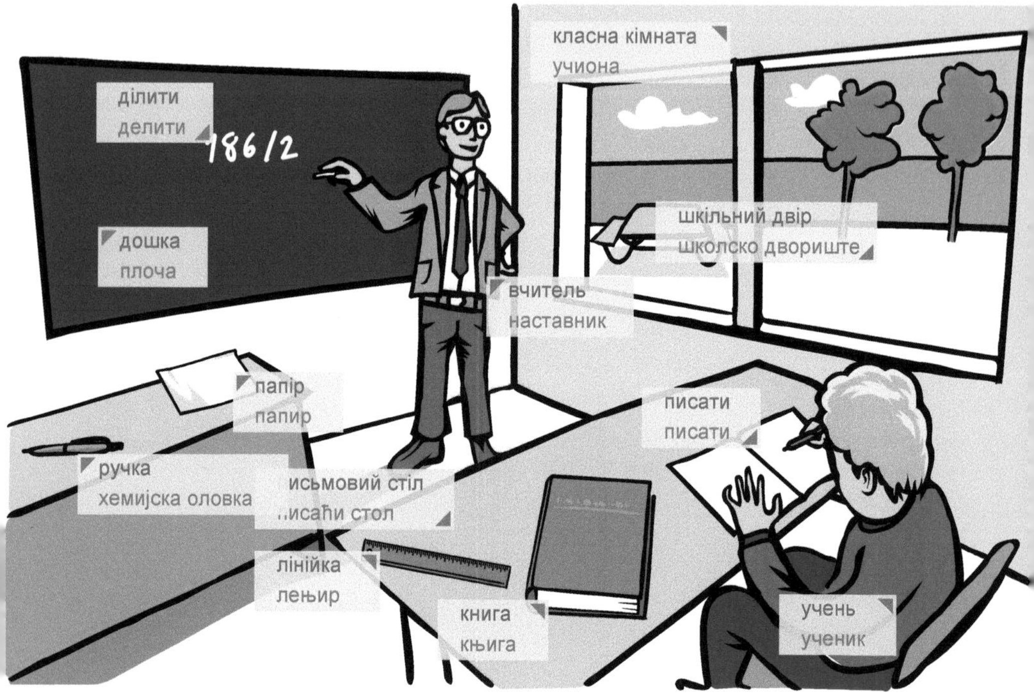

класна кімната
учиона
ділити
делити
186/2
дошка
плоча
шкільний двір
школско двориште
вчитель
наставник
папір
папир
писати
писати
ручка
хемијска оловка
исьмовий стіл
исаћи стол
лінійка
лењир
книга
књига
учень
ученик

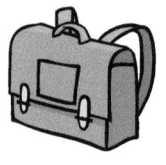

ранець

торба

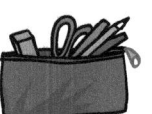

пенал

перница

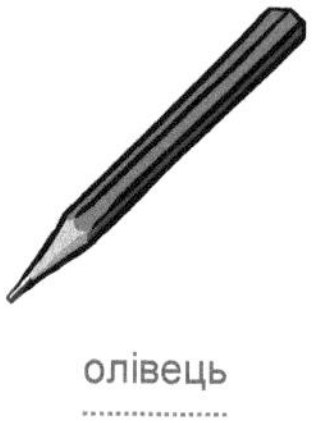

олівець

графитна оловка

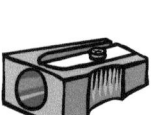

точило

шиљило за оловке

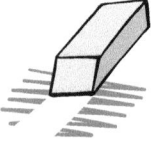

гумка

гумица за брисање

альбом для малювання

блок за цртање

малюнок
....
цртеж

пензель
....
кист

коробка фарб
....
кутија са бојама

ножиці
....
маказе

клей
....
лепило

зошит
....
бележница

домашнє завдання
....
домаћи задатак

число
....
број

додавати
....
сабирати

віднімати
....
одузимати

множити
....
множити

рахувати
....
рачунати

літера
....
слово

абетка
....
абецеда

слово
....
реч

текст
текст

читати
читати

крейда
креда

година
час

класний журнал
дневник

екзамен
испит

диплом
сведочанство

шкільна форма
школска униформа

освіта
образовање

лексикон
лексикон

університет
универзитет

мікроскоп
микроскоп

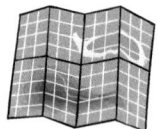

карта
карта

кошик для паперу
кошара за папир

подорож

путовање

готель
хотел
Grand
турбаза
преноћиште
ROOMS
обмінний пункт
мењачница
EXCHANGE
валіза
кофер
автомобіль
ауто

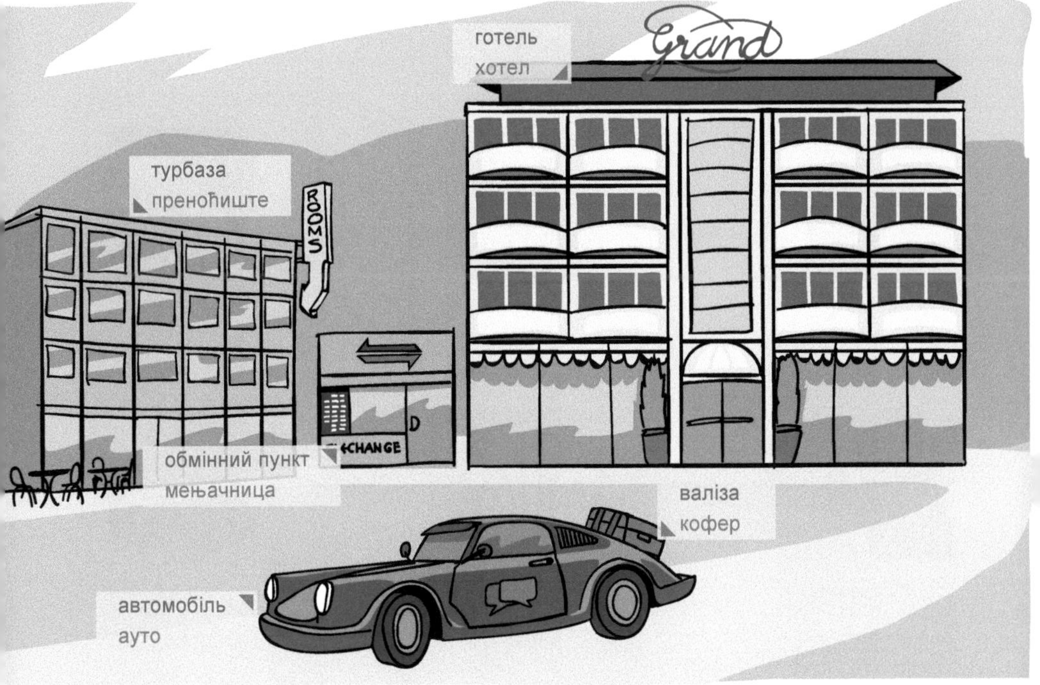

мова

језик

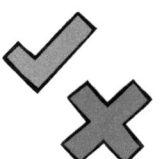

так / ні

да / не

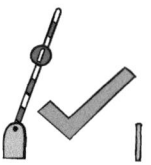

добре

океј

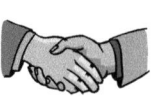

привіт

здраво

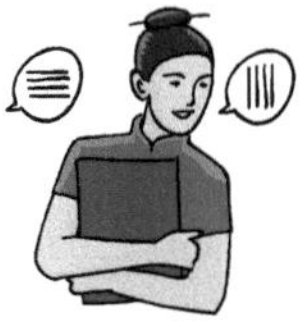

перекладач

преводилац

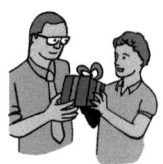

дякую

хвала

Скільки коштує ...?

Колико кошта...?

Я не розумію

не разумем

проблема

проблем

Добрий вечір!

добро вече!

Доброго ранку!

Добро јутро!

На добраніч!

Лаку ноћ!

До побачення

довиђења

напрямок

смер

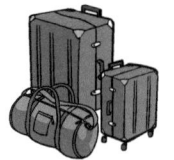

багаж

пртљага

сумка

торба

рюкзак

руксак

гість

гост

кімната

соба

спальний мішок

врећа за спавање

намет

шатор

подорож - путовање

туристична інформація

туристичке информације

пляж

плажа

кредитна картка

кредитна картица

сніданок

доручак

обід

ручак

вечеря

вечера

квиток

карта за вожњу

ліфт

лифт

поштова марка

поштанска маркица

межа

граница

митниця

царина

посольство

амбасада

віза

виза

паспорт

пасош

транспорт
транспорт

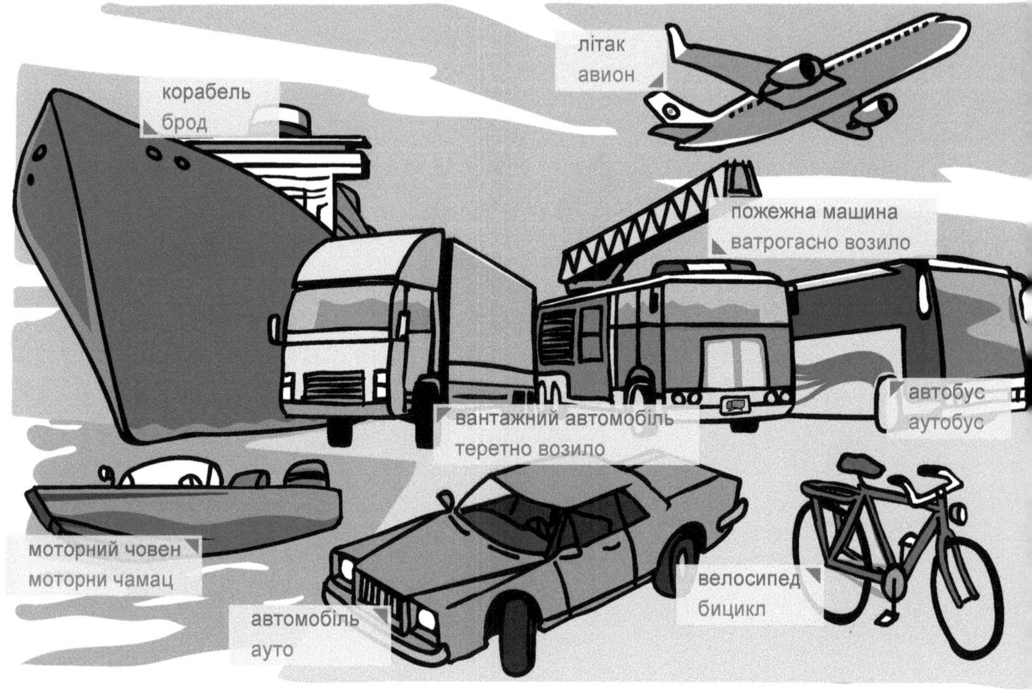
літак
авион
корабель
брод
пожежна машина
ватрогасно возило
автобус
аутобус
вантажний автомобіль
теретно возило
моторний човен
моторни чамац
велосипед
бицикл
автомобіль
ауто

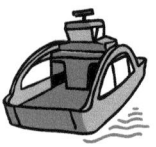

пором

трајект

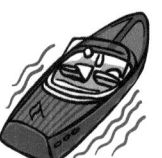

човен

чамац

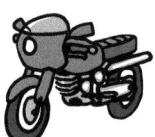

мотоцикл

мотоцикл

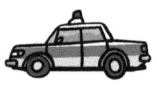

поліцейська машина

полицијски ауто

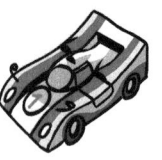

гоночний автомобіль

тркаћи ауто

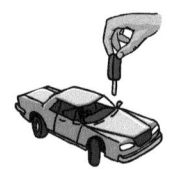

автомобіль на прокат

изнајмљено ауто

пільне користування авто

делење аутомобила

евакуатор

вучно возило

сміттєвоз

возило за одвоз смећа

двигун

мотор

паливо

бензин

автозаправна станція

бензинска станица

дорожній знак

саобраћајни знак

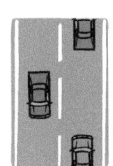

рух

саобраћај

затор

застој

стоянка

паркиралиште

вокзал

железничка станица

рейки

шине

потяг

воз

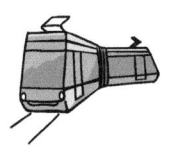

трамвай

трамвај

вагон

вагон

гелікоптер

хеликоптер

аеропорт

аеродром

вежа

кула

пасажир

путник

контейнер

контејнер

коробка

картон

візок

колица

кошик

корпа

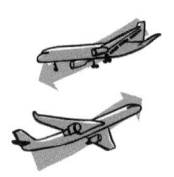

стартувати / приземлятися

узлетети / слетети

місто

град

село

село

центр міста

центар града

дім

кућа

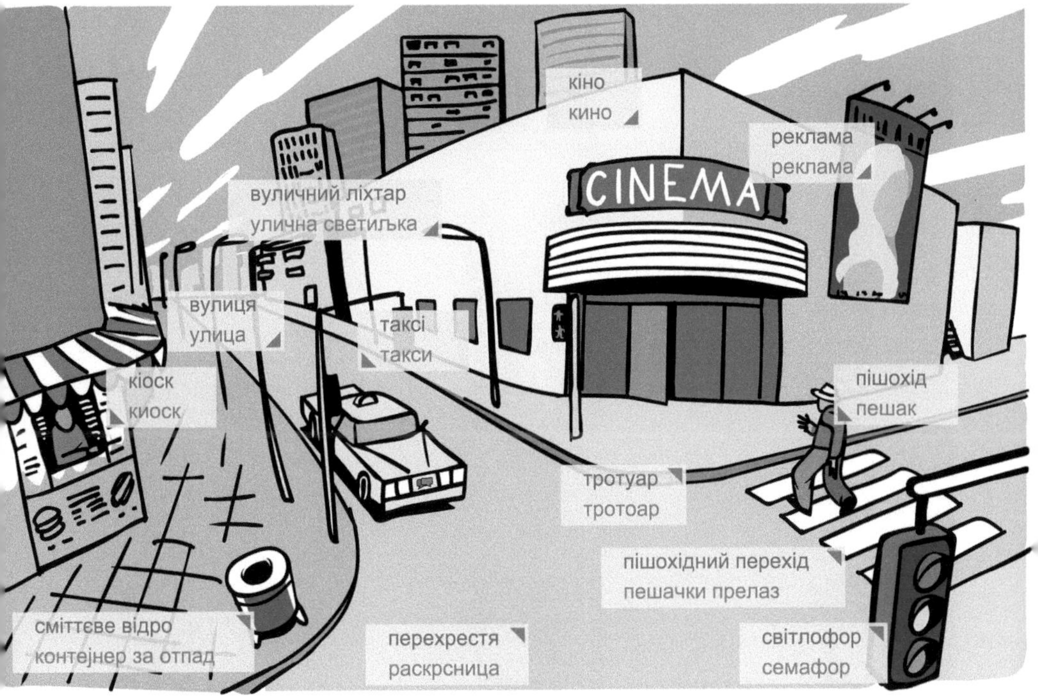

кіно
кино

реклама
реклама

вуличний ліхтар
улична светиљка

CINEMA

вулиця
улица

таксі
такси

пішохід
пешак

кіоск
киоск

тротуар
тротоар

пішохідний перехід
пешачки прелаз

сміттєве відро
контејнер за отпад

перехрестя
раскрсница

світлофор
семафор

хатина
колиба

квартира
стан

вокзал
железничка станица

ратуша
веħница

музей
музеј

школа
школа

університет

университет

банк

банка

лікарня

болница

готель

хотел

аптека

апотека

офіс

канцеларија

книжковий магазин

књижара

магазин

продавница

квітковий магазин

цвећара

супермаркет

супермаркет

ринок

трг

універмаг

робна кућа

торговець рибою

рибарница

торговельний центр

трговачки центар

гавань

лука

парк

парк

лава

клупа

міст

мост

сходи

степенице

метро

подземна железница

тунель

тунел

автобусна зупинка

аутобуска станица

бар

бар

ресторан

ресторан

поштова скринька

поштанско сандуче

вулична табличка

улични знак

лічильник паркування

паркирни аутомат

зоопарк

зоолошки врт

басейн

базен

мечеть

џамија

ферма

сеоско газдинство

забруднення навколишнього середовища

загађење околине

кладовище

гробље

церква

црква

дитячий майданчик

игралиште

храм

храм

ландшафт
пејсаж

листок
лист

вказівний стовп
путоказ

шлях
пут

луг
ливада

камінь
камен

дерево
дрво

мандрівник
шетач

річка
река

трава
трава

квітка
цвет

долина
долина

гора
планина

озеро
језеро

ліс
шума

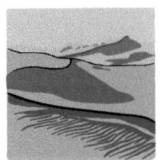

пустеля
пустиња

вулкан
вулкан

замок
дворац

веселка
дуга

гриб
гљива

пальма
палма

комар
москито

муха
мува

мурашка
мрав

бджола
пчела

павук
паук

ландшафт - пејсаж

жук
буба

жаба
жаба

вивірка
веверица

їжак
јеж

заєць
зец

сова
сова

птах
птица

лебідь
лабуд

кабан
дивља свиња

олень
јелен

лось
лос

гребля
насип

вітряк
ветрењача

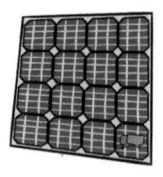

сонячний модуль
соларна плоча

клімат
клима

офіціант
конобар

меню
јеловник

стілець
столица

суп
супа

піца
пица

столові прилади
прибор за јело

скатертина
стољак

закуска
....
предјело

друга страва
....
главно јело

десерт
....
десерт

напої
....
напитци

їжа
....
јело

пляшка
....
флаша

фаст-фуд

брза храна

вулична їжа

имбис храна

чайник

чајник

цукорниця

доза за шећер

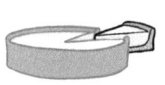

порція

порција

еспресо-машина

апарат за еспресо

високий стільчик

висока столица

рахунок

рачун

піднос

послужавник

ніж

нож

вилка

виљушка

ложка

кашика

чайна ложка

чајна кашика

серветка

салвета

склянка

чаша

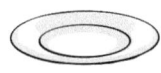

тарілка

тањир

тарілка для супу

тањир за супу

блюдце

тањирић

соус

сос

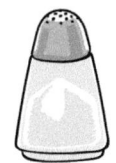

солонка

сољенка

млин для перцю

млин за бибер

оцет

сирће

масло

уље

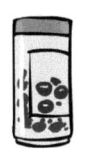

спеції

зачини

кетчуп

кечап

гірчиця

сенф

майонез

мајонеза

супермаркет

супермаркет

пропозиція
понуда
FOR
клієнт
купац
молочні продукти
млечни производи
фрукти
воће
візок для покупок
колица за куповину

BUTCHERS

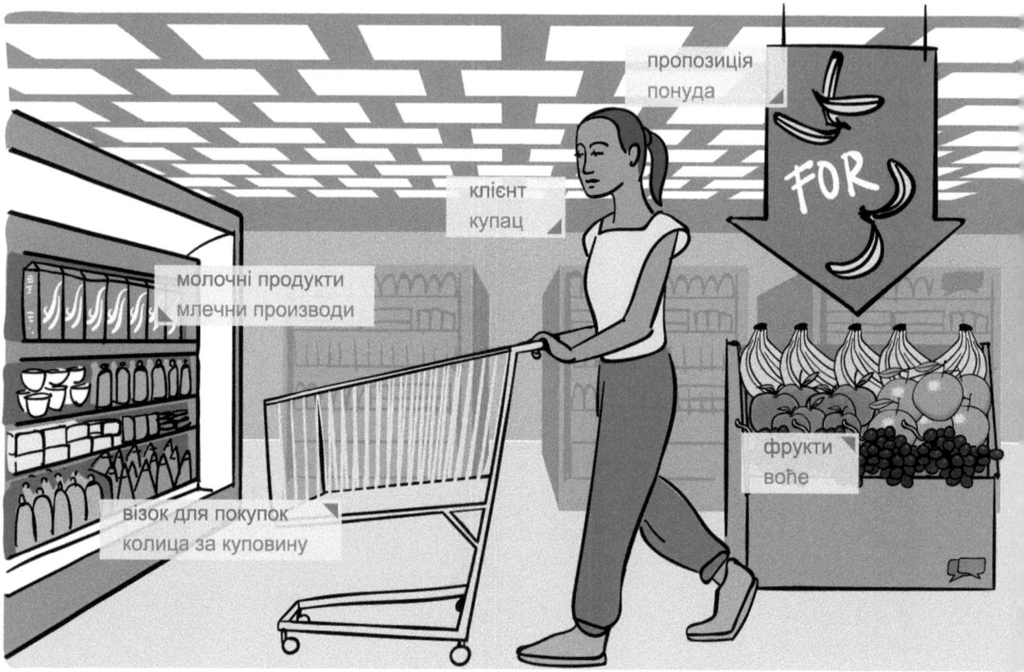

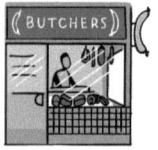

м'ясний магазин

месница

BAKERY

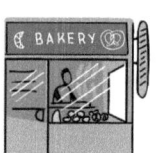

пекарня

пекара

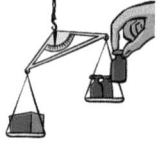

зважувати

вагати

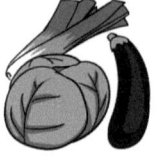

овочі

поврће

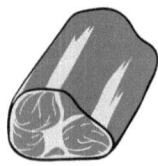

м'ясо

месо

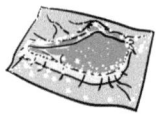

заморожені продукти

смрзнута храна

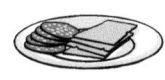

ковбасна нарізка

нарезак

консерви

конзерве

пральний порошок

средство за прање

солодощі

слаткиши

предмети домашнього побуту

артикли за домаћинство

мийний засіб

средства за чишћење

продавщиця

продавачица

каса

благајна

касир

благајник

список покупок

листа за куповину

часи роботи

време рада

гаманець

новчаник

кредитна картка

кредитна картица

сумка

торба

поліетиленовий пакет

пластична кеса

вода
вода

сік
сок

молоко
млеко

кола
кола

вино
вино

пиво
пиво

алкоголь
алкохол

какао
какао

чай
чај

кава
кава

еспресо
еспресо

капучіно
капучино

банан

банана

яблуко

jабука

апельсин

наранџа

кавун

лубеница

лимон

лимун

морква

шаргарепа

часник

бели лук

бамбук

бамбус

цибуля

лук

гриб

гљива

горішки

орашасти плодови

локшина

резанци

спагеті

шпагете

рис

рижа

салат

салата

картопля фрі

помфрит

смажена картопля

печени крумпир

піца

пица

гамбургер

хамбургер

бутерброд

сендвич

шніцель

шницла

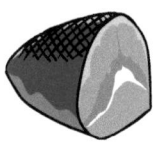

шинка

шунка

салямі

салама

ковбаса

кобасица

курка

кокош

печеня

печење

риба

риба

вівсяні пластівці

зобене пахуљице

мюслі

мусли

кукурудзяні пластівці

кукурузне пахуљице

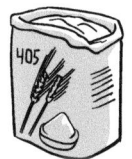

борошно

брашно

круасан

кроасан

булочка

пециво

хліб

хлеб

тостовий хліб

тоаст

печиво

кекси

масло

маслац

сир

свежи сир

пиріг

колач

яйце

jaje

яєчня

jaje на око

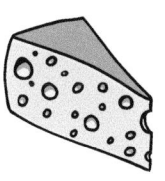

сир

сир

морозиво

сладолед

цукор

шећер

мед

мед

мармелад

мармелада

нуга-крем

нугат крема

карі

кари

ферма
сеоско газдинство

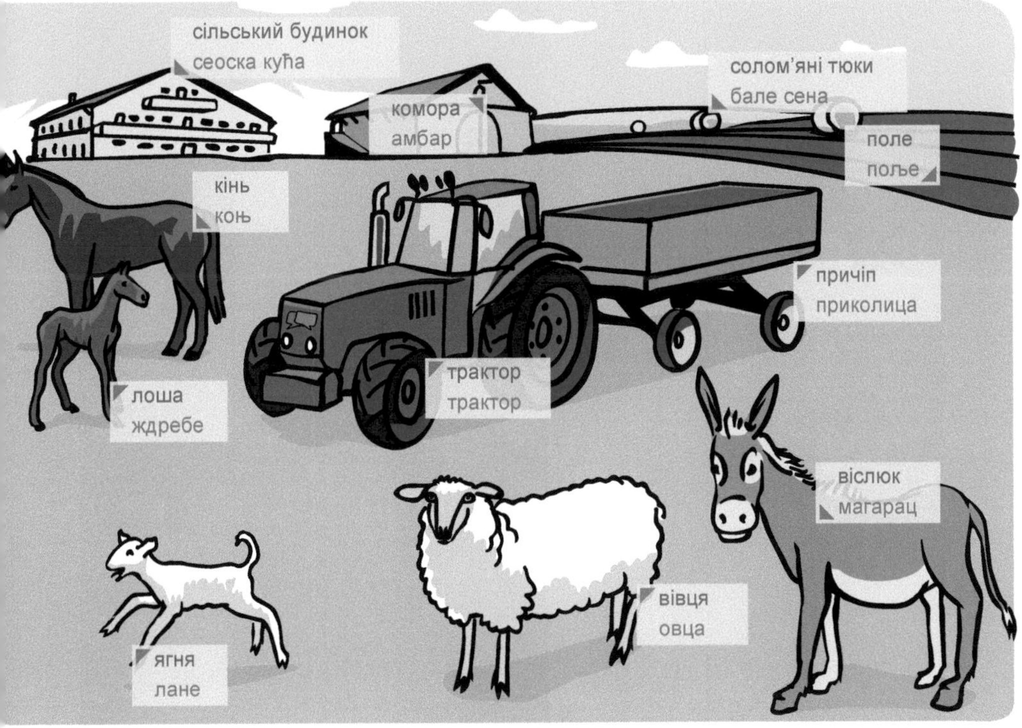

сільський будинок
сеоска кућа
комора
амбар
солом'яні тюки
бале сена
поле
поље
кінь
коњ
причіп
приколица
трактор
трактор
лоша
ждребе
віслюк
магарац
вівця
овца
ягня
лане

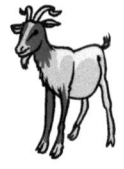

коза

коза

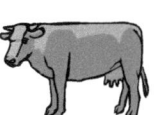

корова

крава

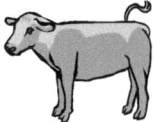

теля

теле

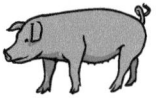

свиня

свиња

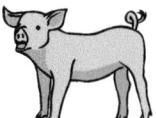

порося

прасе

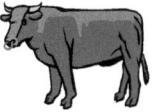

бик

бик

гусак
гуска

качка
патка

курча
пилићи

курка
кокош

півень
петао

щур
пацов

кіт
мачка

миша
миш

віл
вол

собака
пас

собача будка
кућица за пса

садовий шланг
вртно црево

лійка
канта за поливање

коса
коса

плуг
плуг

ферма - сеоско газдинство

серп
срп

мотика
мотика

вила
виљушка за ђубриво

сокира
секира

тачка
тачке

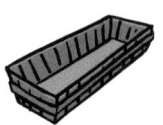

корито
корито

бідон молока
посуда за млеко

мішок
вређа

паркан
ограда

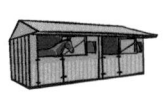

хлів
штала

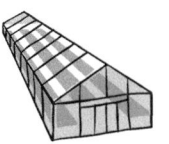

теплиця
стакленик

ґрунт
земља

насіння
семе

добриво
ђубриво

комбайн
комбајн

пожинати

жети

урожай

жетва

корінь ямсу

jамс зачин

пшениця

пшеница

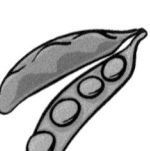

соя

соja

картопля

крумпир

кукурудза

кукуруз

ріпак

уљана репица

плодове дерево

воћка

маніок

гомољ маниоке

злаки

житарице

дім
кућа

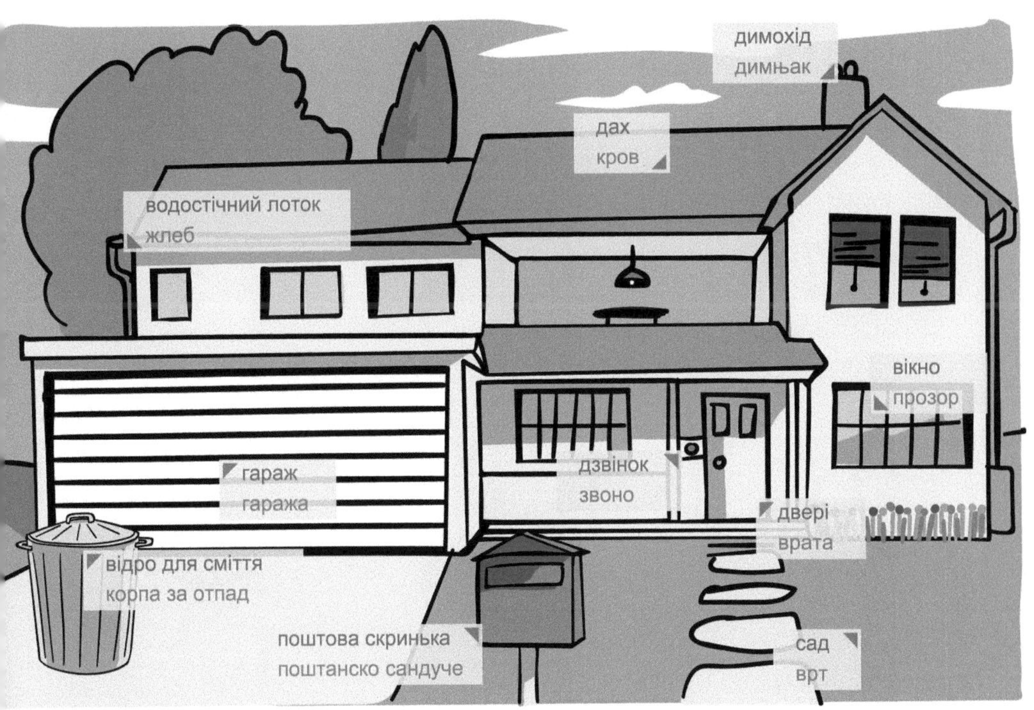

димохід
димњак
дах
кров
водостічний лоток
жлеб
вікно
прозор
гараж
гаража
дзвінок
звоно
двері
врата
відро для сміття
корпа за отпад
поштова скринька
поштанско сандуче
сад
врт

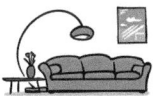

вітальня

дневна соба

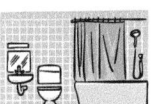

ванна кімната

купаоница

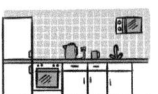

кухня

кухиња

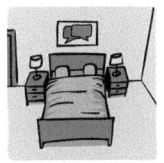

спальня

спаваћа соба

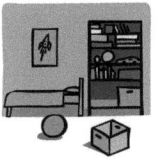

дитяча кімната

дечија соба

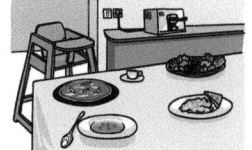

їдальня

трпезарија

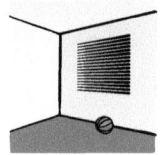

підлога

под

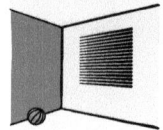

стіна

зид

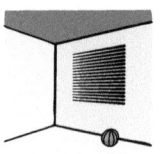

стеля

строп

підвал

подрум

сауна

сауна

балкон

балкон

тераса

тераса

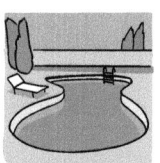

басейн

базен

косарка

косилица за траву

простирало

постељина за кревет

ковдра

дека за кревет

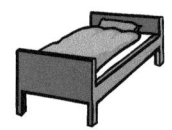

ліжко

кревет

мітла

метла

відро

канта

перемикач

прекидач

дім - кућа

вітальня

дневна соба

шпалери
тапета
малюнок
слика
лампа
светиљка
поличка
регал
шафа
ормар
телевізор
телевизија
камін
камин
квітка
цвет
подушка
јастук
диван
кауч
ваза
ваза
пульт
даљински управљач

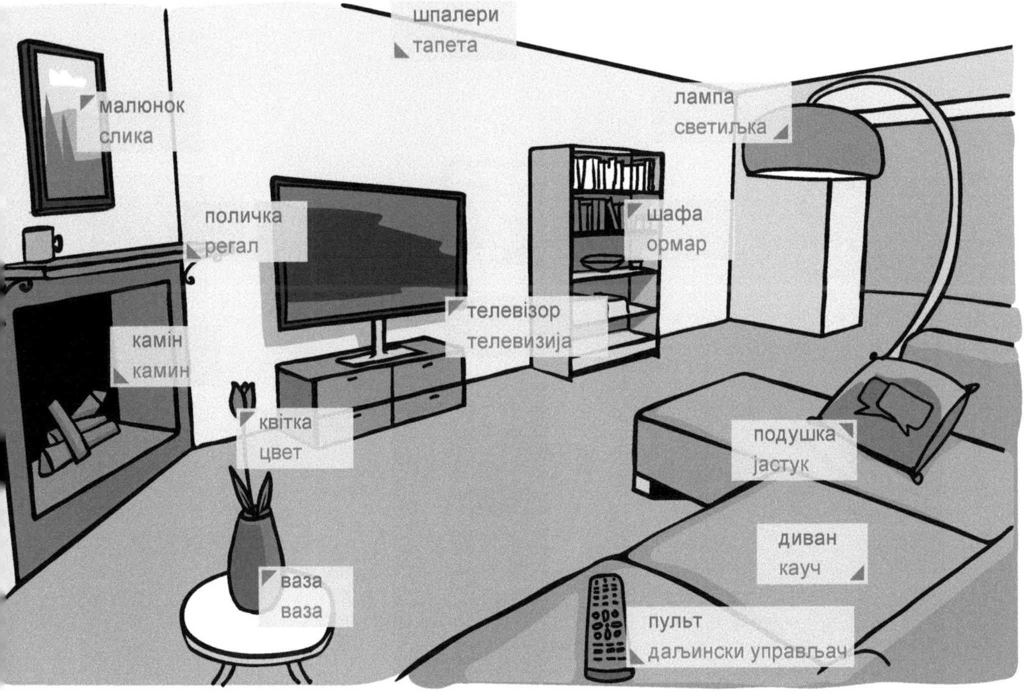

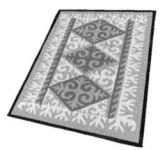

килим

тепих

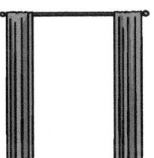

завіса

завеса

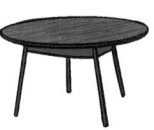

стіл

сто

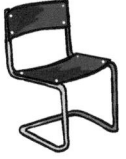

стілець

столица

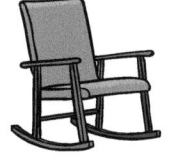

крісло-гойдалка

столица за њихање

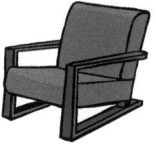

крісло

фотеља

книга
книга

ковдра
дека

прикраса
декорација

дрова
дрво за огрев

фільм
филм

стереосистема
хи-фи уређај

ключ
кључ

газета
новине

картина
слика на платну

плакат
постер

радіо
радио

блокнот
блок за писање

пилосос
усисивач

кактус
кактус

свічка
свећа

кухня
кухиња

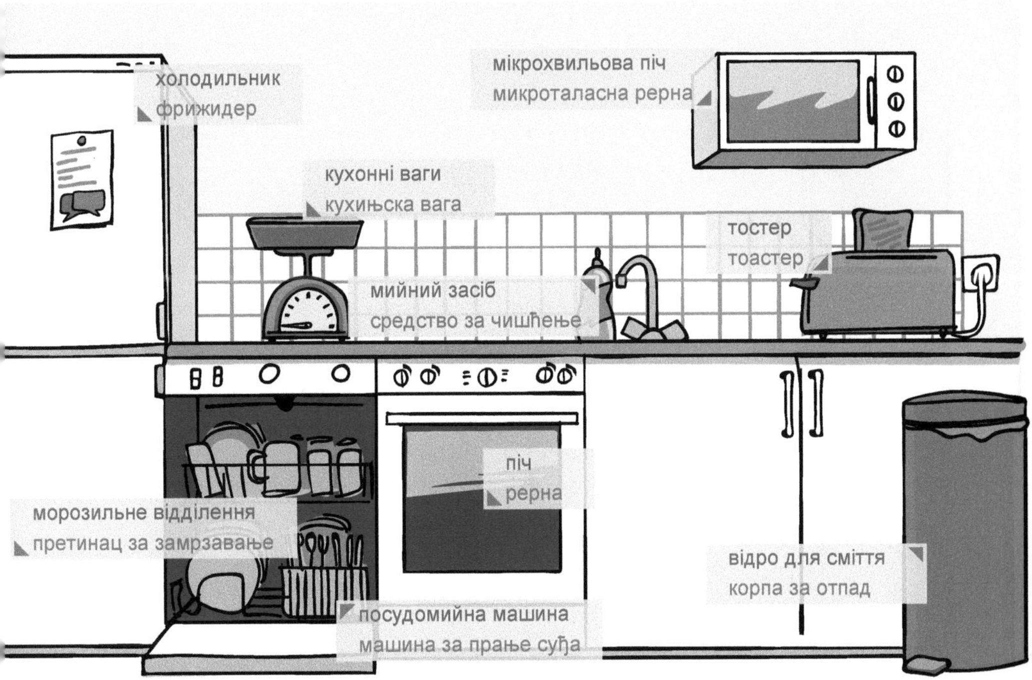

холодильник
фрижидер
мікрохвильова піч
микроталасна рерна
кухонні ваги
кухињска вага
тостер
тоастер
мийний засіб
средство за чишћење
піч
рерна
морозильне відділення
претинац за замрзавање
відро для сміття
корпа за отпад
посудомийна машина
машина за прање суђа

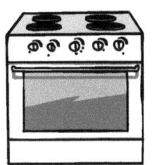

плита

шпорет

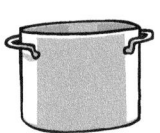

горщик

лонац

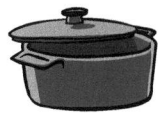

чавунний горщик

гвоздени лонац

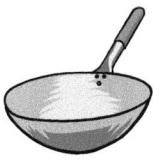

вок / кадай

вок / кадаи

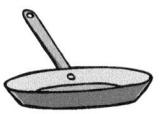

сковорода

тава

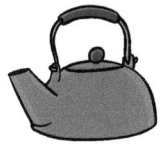

чайник

кувало за воду

пароварка

кувало на пару

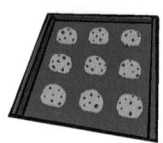

лист

лим за печење

посуд

посуђе

кухоль

чаша

чаша

посуда

палички для їжі

штапићи за јело

черпак

кутлача

лопатка

лопатица

вінчик для збивання

пењача

сито

сито за кување

сито

сито

терка

рибеж

ступка

мужар

барбекю

роштиљ

багаття

огњиште

дошка
......
даска

качалка
......
оклагија

штопор
......
вадичеп

конзерва
......
конзерва

відкривачка
......
отварач конзерви

прихватки
......
крпа за лонац

раковина
......
судопер

щітка
......
четка

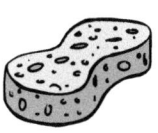

губка
......
сунђер

міксер
......
миксер

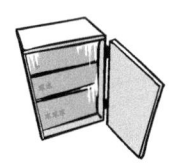

морозильна камера
......
замрзивач

дитяча пляшка
......
флашица за бебе

кран
......
славина за воду

ванна кімната

купаоница

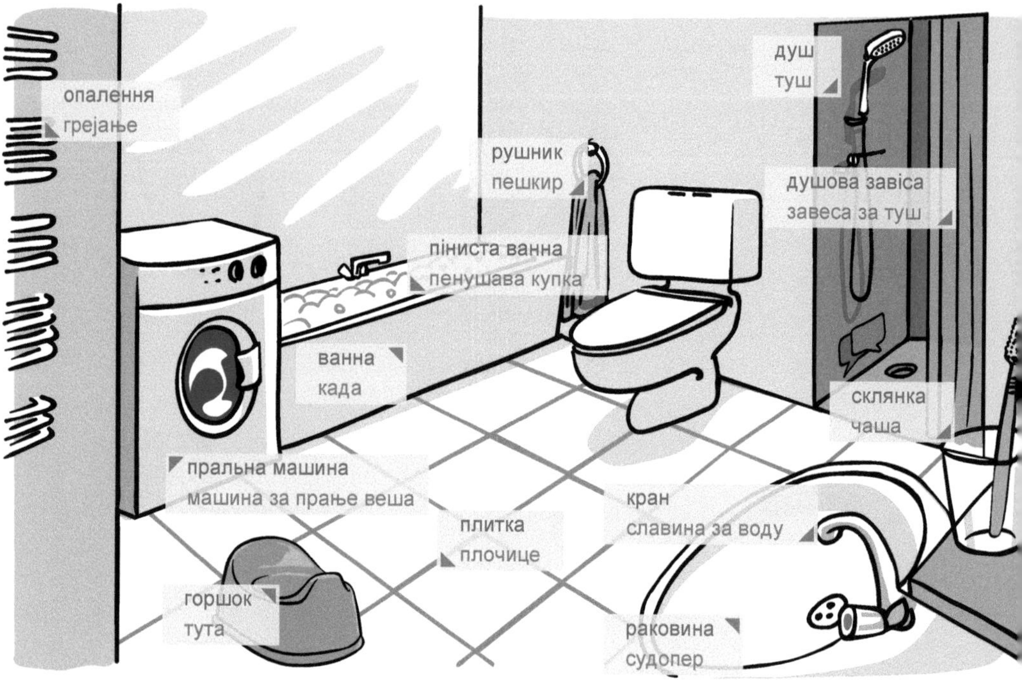

опалення
грејање
рушник
пешкир
душ
туш
душова завіса
завеса за туш
пiниста ванна
пенушава купка
ванна
када
склянка
чаша
пральна машина
машина за прање веша
кран
славина за воду
плитка
плочице
горшок
тута
раковина
судопер

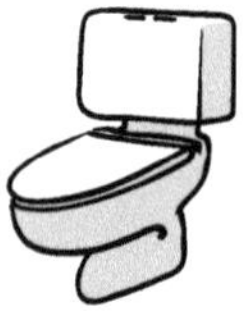

туалет

тоалет

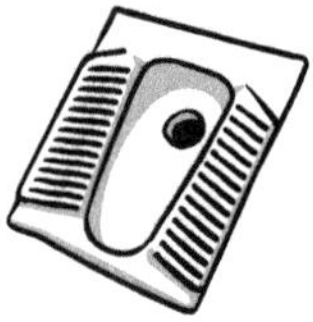

підлоговий туалет

чучавац

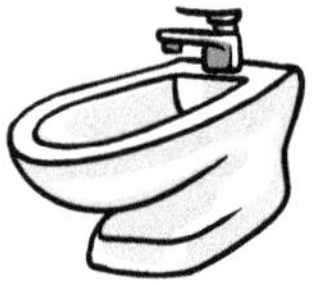

біде

бидет

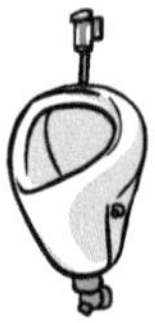

пісуар

писоар

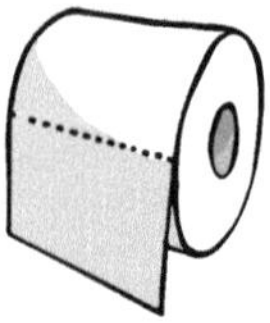

туалетний папір

тоалетни папир

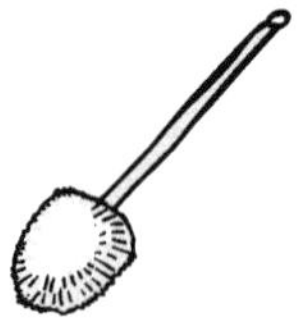

щітка для туалету

четка за тоалет

зубна щітка

четкица за зубе

зубна паста

паста за зубе

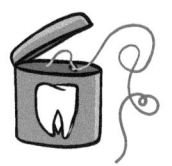

нитка для чищення зубів

конац за зубе

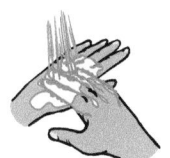

мити

прати

ручний душ

туш ручица

інтимний душ

туш за прање интимних делова

таз

лавор

щітка для спини

четка за прање леђа

мило

сапун

гель для душу

гел за туширање

шампунь

шампон

мочалка

крпа за прање

водостік

одвод

крем

крема

дезодорант

дезодоранс

дзеркало

огледало

косметичне дзеркало

козметичко огледало

бритва

бријач

піна для гоління

пена за бријање

лосьйон після гоління

лосион за после бријања

гребінь

чешаљ

щітка

четка

фен

фен за косу

лак для волосся

спреј за косу

косметика

шминка

губна помада

руж за усне

лак для нігтів

лак за нокте

вата

вата

ножиці для нігтів

маказе за нокте

парфум

парфем

косметичка
....
козметичка торбица

табурет
....
столица

ваги
....
вага

халат
....
огртач

гумові рукавички
....
рукавице за чишћење

тампон
....
тампон

гігієнічні прокладки
....
уложак

біотуалет
....
хемијски тоалет

дитяча кімната

дечија соба

будильник
будилник
м'яка іграшка
плишана играчка
іграшковий автомобіль
ауто играчка
брязкальце
звечка
ляльковий будиночок
кућица за лутке
подарунок
поклон

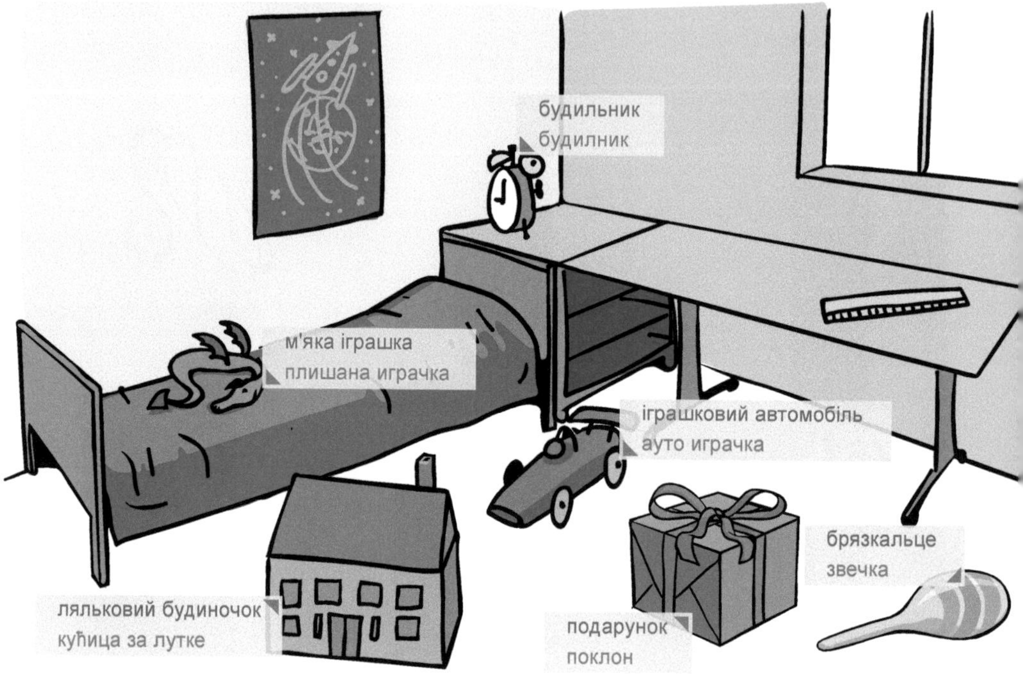

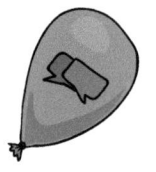

повітряна кулька

балон

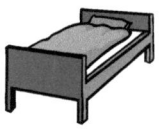

ліжко

кревет

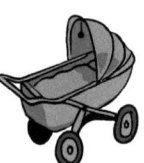

дитячий візок

дјечија колица

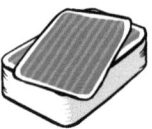

картярська гра

игра са картама

пазл

слагалица

SUPER
MEGA

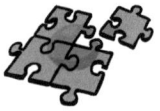

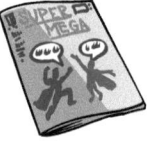

комікс

стрип

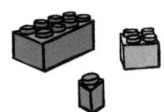

лего цеглинки

лего коцкице

блоки

коцкице за слагање

іграшкова фігурка

акциони јунак

повзунки

бенкица за бебе

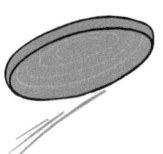

фризбі

фризби

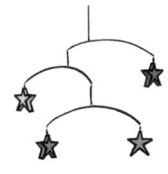

мобіле

висеће играчке

настільна гра

друштвене игре

кубик

коцка

модель залізнична станція

минијатурна жељезница

соска

дуда

вечірка

забава

книжка з картинками

сликовница

м'яч

лопта

лялька

лутка

грати

играти

пісочниця

пешчаник

гойдалка

љуљачка

іграшка

играчка

гральна консоль

конзола за игре

триколісний велосипед

трицикл

плюшевий мішка

теди

шафа

ормар

одяг

одећа

шкарпетки

кратке чарапе

панчохи

чарапе

колготки

хулахопке

шарф
шал

парасоля
кишобран

футболка
мајица

ремінь
каиш

чоботи
чизме

домашнє взуття
папуче

кросівки
патике

сандалі
....
сандале

взуття
....
ципеле

гумові чоботи
....
гумене чизме

труси
....
гаћице

бюстгальтер
....
грудњак

нижня сорочка
....
поткошуља

одяг - одећа

45

боді
боди

штани
панталоне

джинси
фармерке

спідниця
сукња

блузка
блуза

сорочка
кошуља

пуловер
џемпер

светр
џемпер с капуљачом

піджак
сако

куртка
јакна

пальто
мантил

дощовик
кабаница

костюм
костим

сукня
хаљина

весільна сукня
венчаница

костюм

оде́ло

нічна сорочка

спава́ћица

піжа́ма

пиџа́ма

сарі

са́ри

головна хустка

мара́ма за гла́ву

чалма́

турба́н

бу́рка

бу́рка

кафта́н

кафта́н

аба́я

аба́ја

купа́льник

купа́ћи ко́стим

пла́вки

купа́ће га́ћице

шо́рти

кра́тке панталоне

тренува́льний костю́м

оде́ћа за тренинг

фа́ртух

ке́цеља

рукави́чки

рука́вице

гудзик

дугме

окуляри

наочаре

браслет

наруквица

ланцюг

огрлица

кільце

прстен

сережка

наушница

шапка

капа

плічка

вешалица

капелюх

шешир

краватка

кравата

застібка-блискавка

патент затварач

шолом

кацига

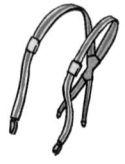

підтяжки

нараменице

шкільна форма

школска униформа

уніформа

униформа

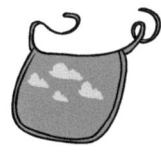

нагрудник

подбрадак

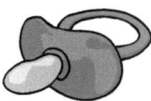

соска

дуда

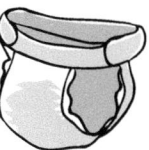

підгузок

пелена

офіс

канцеларија

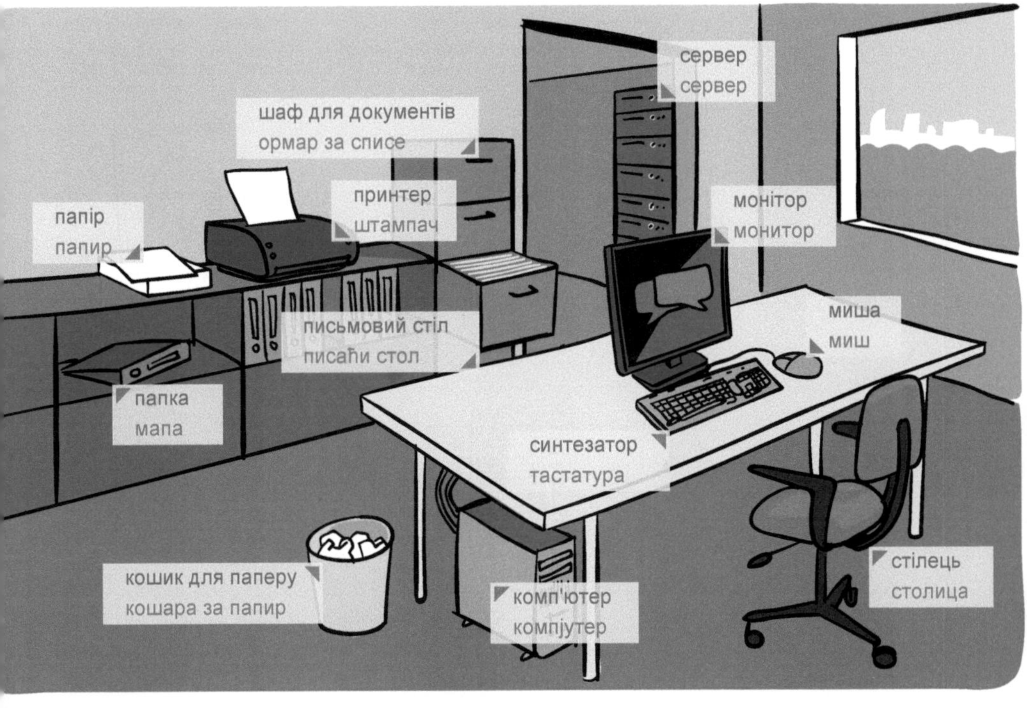

сервер
сервер
шаф для документів
ормар за списе
принтер
штампач
папір
папир
монітор
монитор
письмовий стіл
писаћи стол
миша
миш
папка
мапа
синтезатор
тастатура
кошик для паперу
кошара за папир
комп'ютер
компјутер
стілець
столица

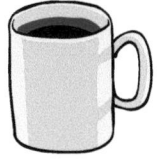

кавовий кухоль

шалица за каву

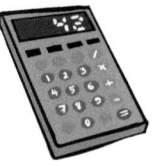

калькулятор

калкулатор

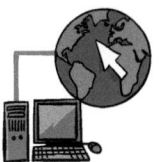

інтернет

интернет

ноутбук

лаптоп

лист

писмо

повідомлення

порука

мобільний телефон

мобилни телефон

мережа

мрежа

копіювальний пристрій

уређај за копирање

програмне забезпечення

софтвер

телефон

телефон

розетка

утичница

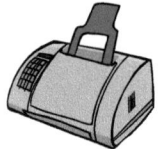

факс

факс

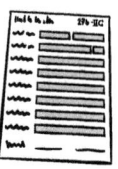

бланк

формулар

документ

документ

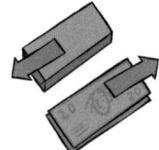

купувати

купString:

купувати

куповати

платити

платити

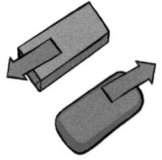

торгувати

трговати

гроші

новац

USD

долар

долар

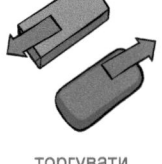EUR

євро

евро

JPY

ієна

јен

RUB

рубль

рубља

CHF

франк

швајцарски франак

CNY

юанів женьміньбі

ренминдби јуан

INR

рупія

рупија

банкомат

аутомат за новац

обмінний пункт

мењачница

золото

злато

срібло

сребро

нафта

нафта

енергія

енергија

ціна

цена

контракт

уговор

податок

порез

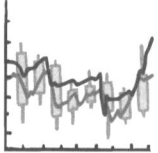

акція

деонице

працювати

радити

працівник

службеник

роботодавець

послодавац

фабрика

фабрика

магазин

продавница

професії

занимања

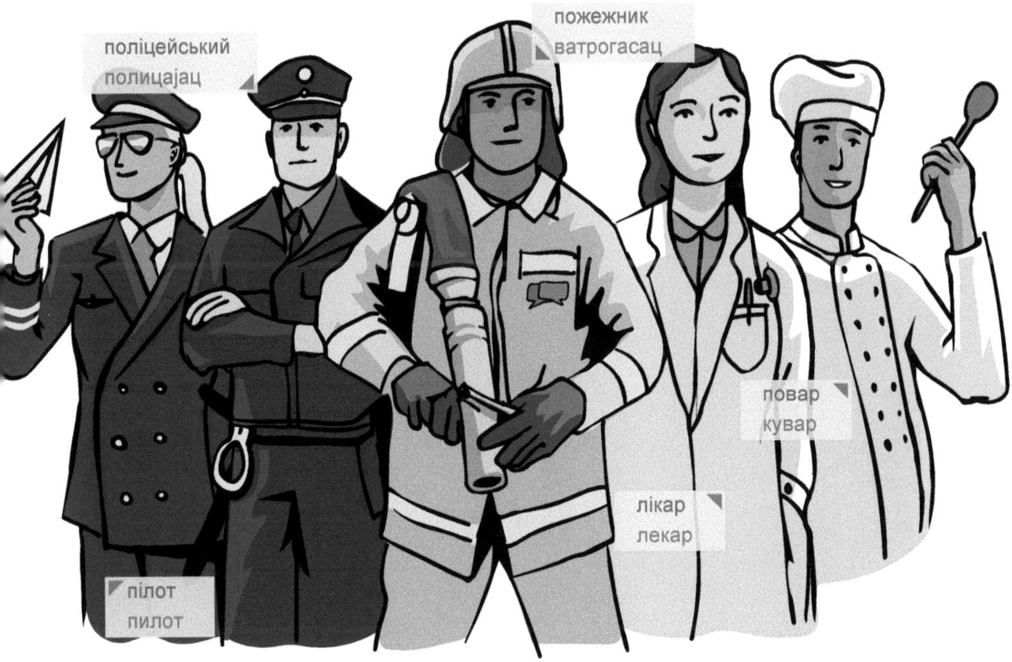
пожежник
ватрогасац
поліцейський
полицајац
повар
кувар
лікар
лекар
пілот
пилот

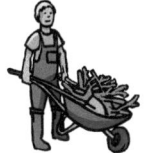

садівник

вртлар

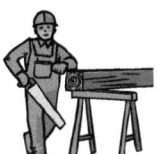

столяр

столар

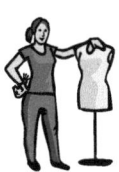

швачка

кројачица

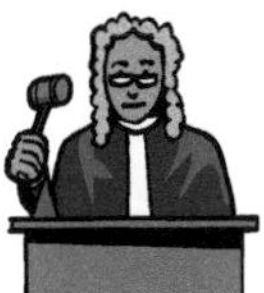

суддя

судија

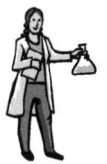

хімік

хемичар

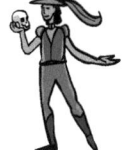

актор

глумац

водій автобуса

возач аутобуса

таксист

возач таксија

рибалка

рибар

прибиральниця

чистачица

покрівельник

кровопокривач

офіціант

конобар

мисливець

ловац

художник

сликар

пекар

пекар

електрик

електричар

будівельник

грађевински радник

інженер

инжењер

забійник

месар

бляхар

лимар

листоноша

поштар

солдат

војник

архітектор

архитекта

касир

благајник

флорист

цвећар

перукар

фризер

кондуктор

кондуктер

механік

механичар

капітан

капетан

дантист

зубар

вчений

научник

рабин

раби

імам

имам

монах

монах

пастор

свећеник

профессії - занимања 55

інструменти

алати

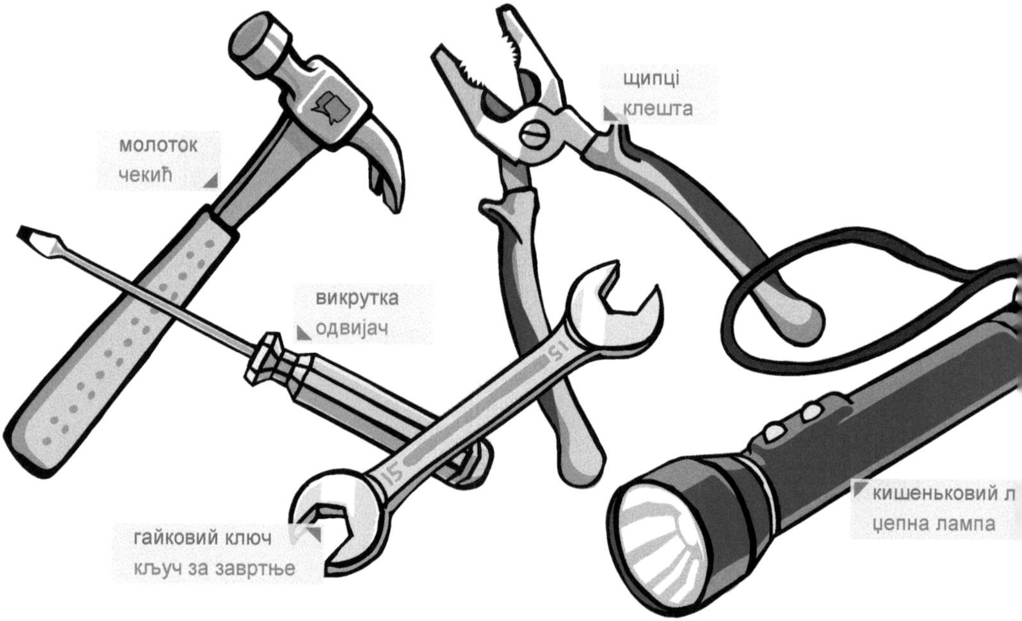
молоток
чекић
щипці
клешта
викрутка
одвијач
гайковий ключ
кључ за завртње
кишеньковий л
џепна лампа

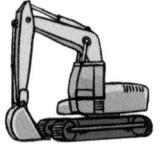

екскаватор

багер

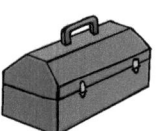

ящик для інструментів

кутија за алат

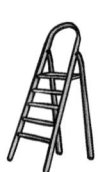

драбина

мердевине

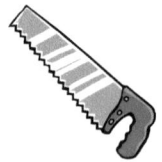

пилка

пила

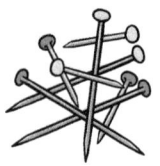

цвяхи

ексер

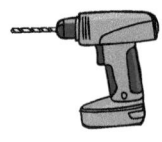

свердло

бушилица

ремонтувати
поправити

лопата
лопата

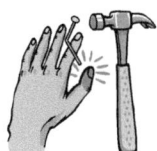

лайно!
до ђавола!

совок
лопатица

відро з фарбою
лонац за боју

гвинти
завртањи

музичні інструменти
музички инструмент

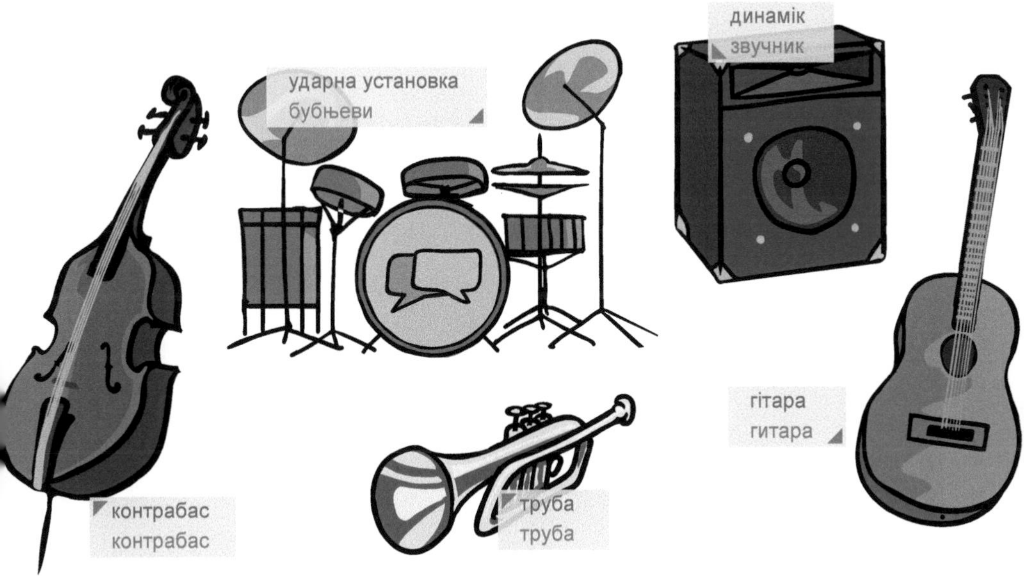

ударна установка
бубњеви

динамік
звучник

контрабас
контрабас

труба
труба

гітара
гитара

фортепіано

клавир

скрипка

виолина

бас

бас

литаври

тимпани

барабан

ударљке за бубњеве

клавіатура

типке клавира

саксофон

саксофон

флейта

флаута

мікрофон

микрофон

зоопарк

зоолошки врт

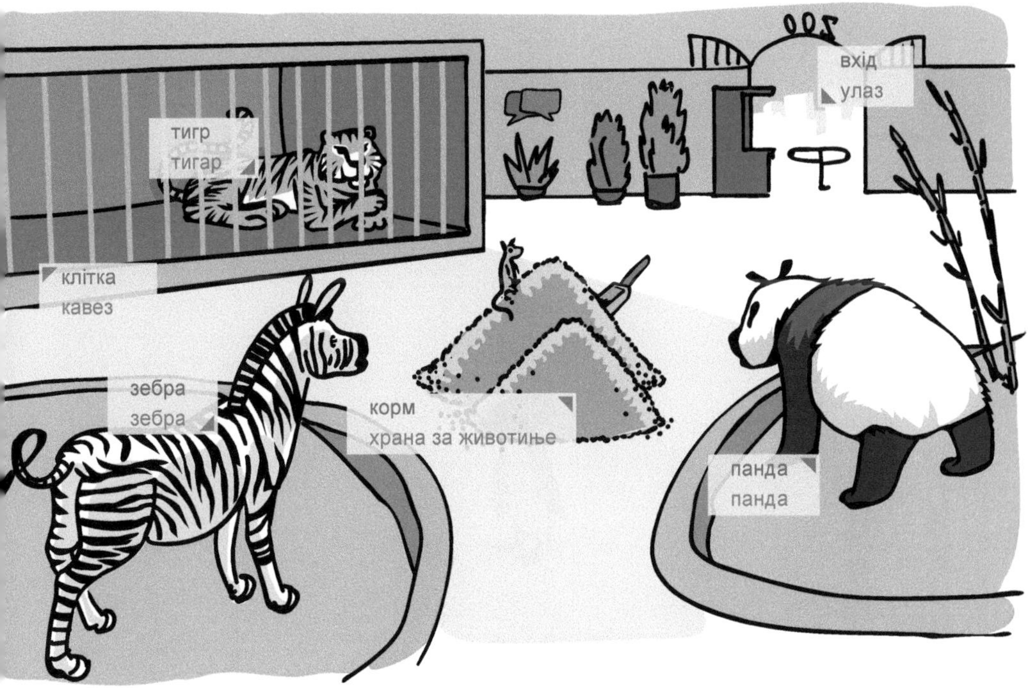
вхід
улаз
тигр
тигар
клітка
кавез
зебра
зебра
корм
храна за животиње
панда
панда

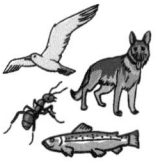

тварини

животиње

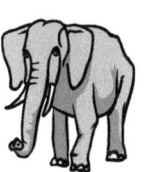

слон

слон

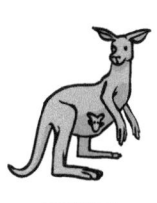

кенгуру

кенгур

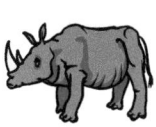

носоріг

носорог

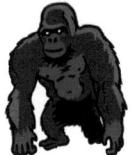

горила

горила

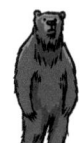

ведмідь

медвед

верблюд

камила

страус

ној

лев

лав

мавпа

мајмун

фламінго

фламинго

папуга

папагај

білий ведмідь

поларни медвед

пінгвін

пингвин

акула

ајкула

павич

паун

змія

змија

крокодил

крокодил

працівник зоопарку

чувар у зоолошком врту

тюлень

туљан

ягуар

јагуар

зоопарк - зоолошки врт

поні
....
пони

леопард
....
леопард

гіпопотам
....
нилски коњ

жираф
....
жирафа

орел
....
орао

кабан
....
дивља свиња

риба
....
риба

черепаха
....
корњача

морж
....
морж

лисиця
....
лисица

газель
....
газела

зоопарк - зоолошки врт

американський футбол
америчкі ногомет

їзда на велосипеді
бициклизам

теніс
тенис

баскетбол
кошарка

плавання
пливање

бокс
бокс

хокей
хокеј на леду

футбол
фудбал

бадмінтон
бадминтон

легка атлетика
атлетика

гандбол
рукомет

лижні перегони
скијање

поло
поло

дії

активности

сміятися
смејати се
стрибати
скочити
обіймати
загрлити
йти
ићи
співати
певати
мріяти
сањати
молитися
молити се
цілувати
пољубити

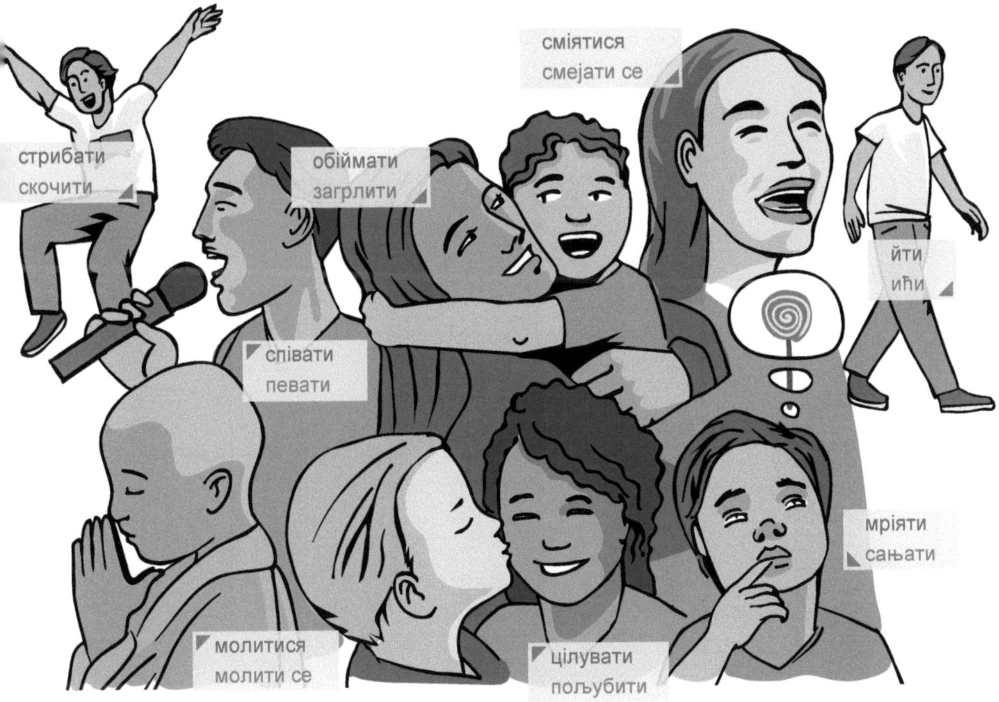

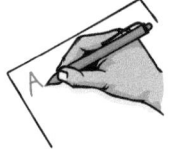

писати

писати

малювати

цртати

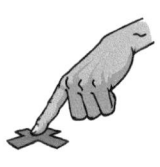

показувати

показати

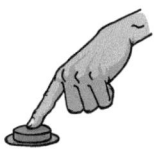

тиснути

гурати

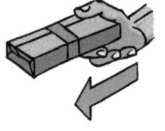

давати

дати

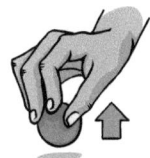

брати

узети

мати

имати

робити

чинити

бути

бити

стояти

стоjати

бігати

трчати

тягнути

повлачити

кидати

бацити

падати

падати

лежати

лежати

очікувати

чекати

носити

носити

сидіти

седити

одягати

облачити

спати

спавати

просипатися

пробудити се

дивитися
....
гледати

плакати
....
плакати

гладити
....
миловати

розчісувати
....
чешљати

розмовляти
....
говорити

розуміти
....
разумети

питати
....
питати

слухати
....
слушати

пити
....
пити

їсти
....
јести

прибирати
....
поспремити

любити
....
волети

варити
....
кухати

їхати
....
возити

літати
....
летети

йти під вітрилом

пловити

рахувати

рачунати

читати

читати

вчитися

учити

працювати

радити

одружуватися

венчати се

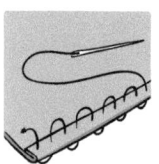

шити

шити

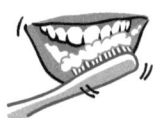

чистити зуби

прати зубе

убивати

убити

курити

пушити

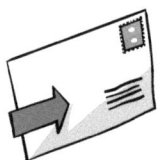

посилати

послати

сім'я

породица

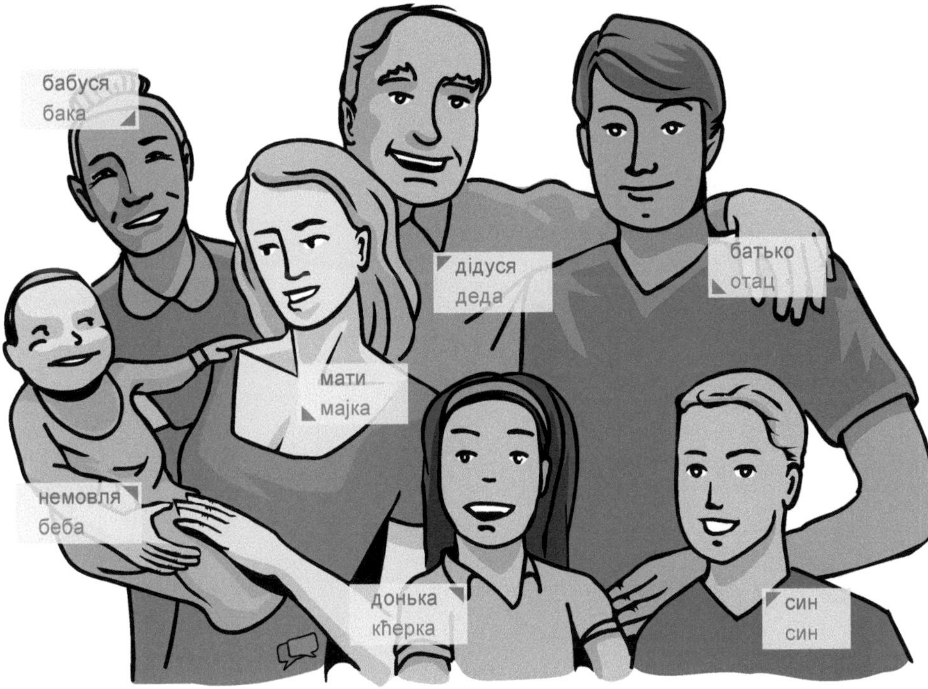
бабуся
бака
дідуся
деда
батько
отац
мати
мајка
немовля
беба
донька
кћерка
син
син

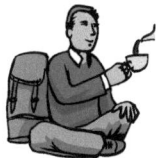

гість

гост

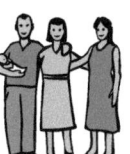

тітка

тетка

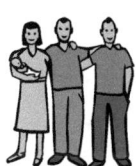

дядько

ујак, стриц

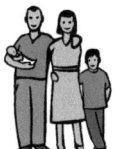

брат

брат

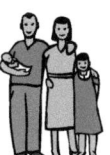

сестра

сестра

тіло

тело

чоло
чело
око
око
плече
раме
палець
прст
обличчя
лице
підборіддя
брада
кисть
рука
нога
нога
груди
груди
рука
рука

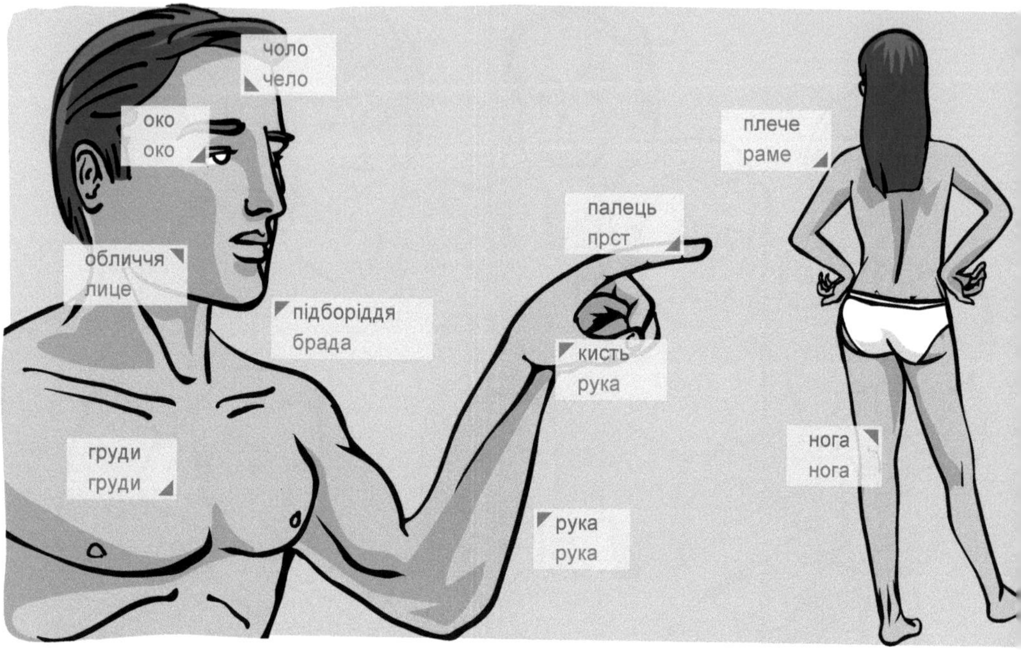

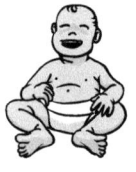

немовля
....
беба

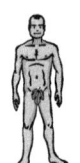

чоловік
....
мушкарац

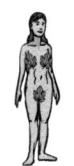

жінка
....
жена

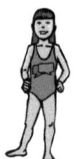

дівчина
....
девојчица

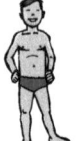

хлопчик
....
дечак

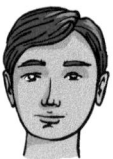

голова
....
глава

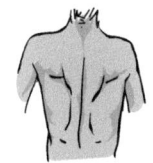

спина
леђа

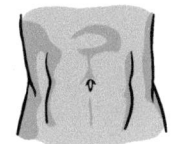

живіт
стомак

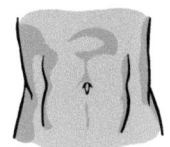

пуп
пупак

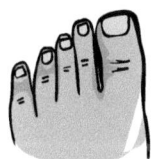

палець ноги
ножни прст

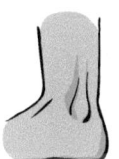

п'ята
пета

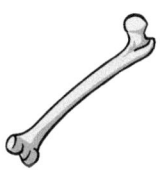

кістка
кост

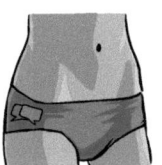

стегно
кукови

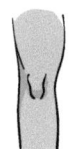

коліно
колено

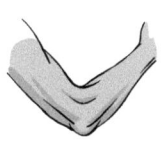

лікоть
лакат

ніс
нос

сідниці
задњица

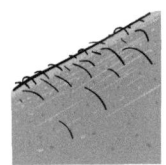

шкіра
кожа

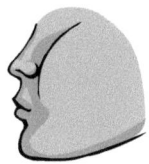

щока
образ

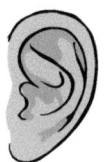

вухо
уво

губа
усна

рот
уста

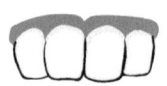

зуб
зуб

язик
језик

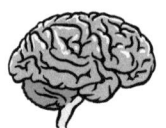

мозок
мозак

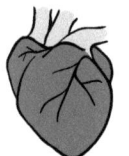

серце
срце

м'яз
мишић

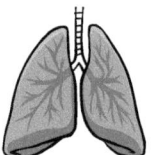

легені
плућа

печінка
јетра

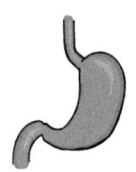

шлунок
желудац

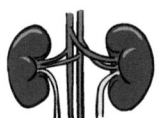

нирки
бубрези

статевий акт
полни однос

презерватив
кондом

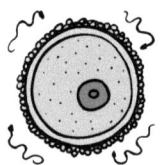

яйцеклітина
јајна ћелија

сперма
сперма

вагітність
трудноћа

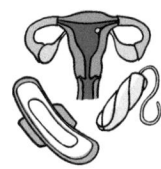

менструація
·······················
менструација

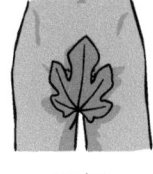

вагіна
·······················
вагина

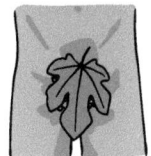

пеніс
·······················
пенис

брова
·······················
обрва

волосся
·······················
коса

шия
·······················
врат

лікарня

болница

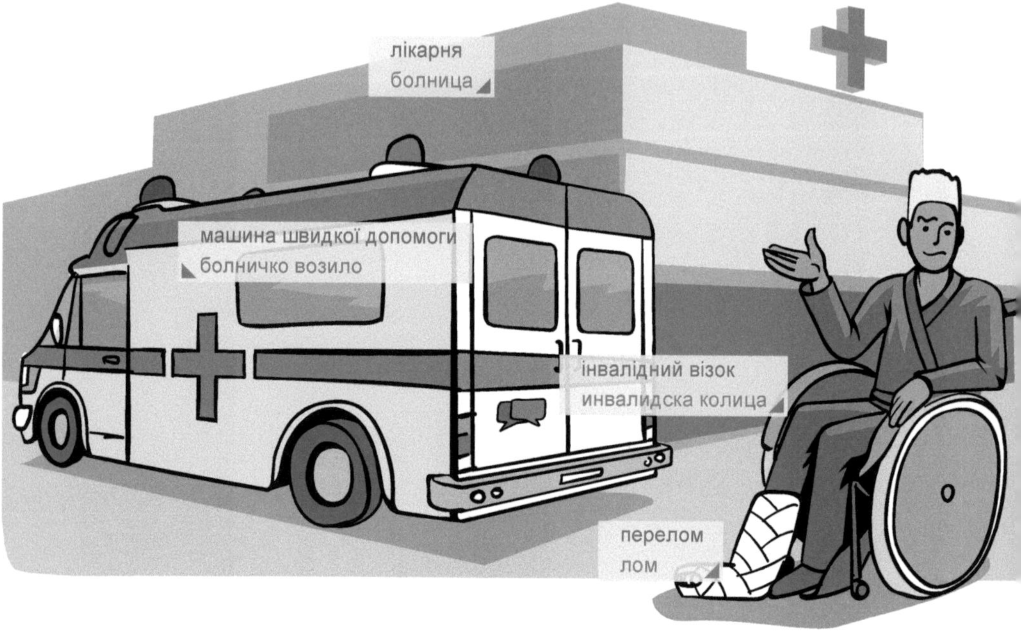

лікарня
болница
машина швидкої допомоги
болничко возило
інвалідний візок
инвалидска колица
перелом
лом

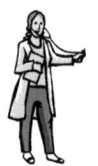

лікар
лекар

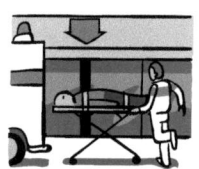

відділення швидкої медичної допомоги
хитна медицинска служба

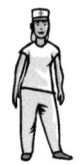

медсестра
медицинска сестра

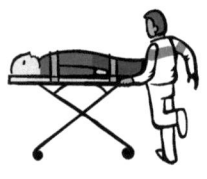

аварійний випадок
хитни случај

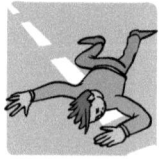

непритомний
несвест

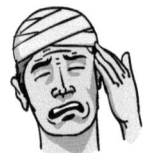

біль
бол

травма

повреда

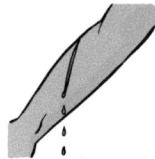

кровотеча

крварење

інфаркт

срчани удар

інсульт

удар

алергія

алергија

кашель

кашаљ

лихоманка

грозница

грип

грипа

пронос

пролив

головна біль

главобоља

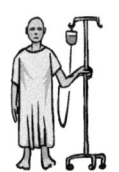

рак

рак

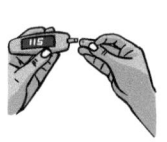

діабет

дијабетес

хірург

хирург

скальпель

скалпел

операція

операција

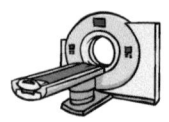

КТ
цт

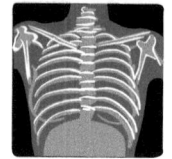

рентген
рентген

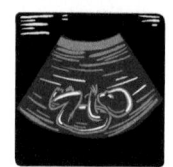

ультразвук
ултразвук

маска
маска

хвороба
болест

зал очікування
чекаона

милиця
штака

пластир
фластер

пов'язка
завој

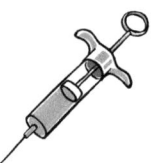

ін'єкція
ињекција

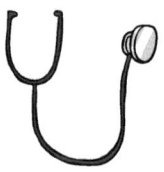

стетоскоп
стетоскоп

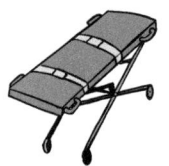

ноші
носила

термометр
термометар

народження
рођење

надмірна вага
прекомерна тежина

слуховий апарат

слушни апарат

дезінфікуючий засіб

средство за дезинфекцију

інфекція

инфекција

вірус

вирус

ВІЛ / СНІД

хив / аидс

медицина

медицина

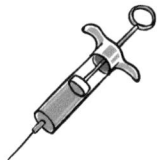

вакцинація

вакцинација

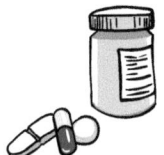

таблетки

таблете

протизаплідна пігулка

пилула

екстрений виклик

хитни позив

тонометр

уређај за мерење притиска

хворий / здоровий

болесно / здраво

Допоможіть!
помоћ!

сигнал тривоги
аларм

напад
насртај

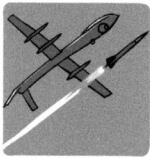

атака
напад

небезпека
опасност

аварійний вихід
излаз у случају нужде

Вогонь!
пожар!

вогнегасник
противпожарни апарат

аварія
незгоца

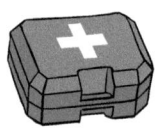

аптечка
кутија прве помоћи

СОС
сос

поліція
полиција

Європа

Европа

Північна Америка

Северна Америка

Південна Америка

Јужна Америка

Африка

Африка

Азія

Азија

Австралія

Аустралија

Атлантика

Атлантик

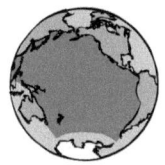

Тихий океан

Пацифик

Індійський океан

Индијски океан

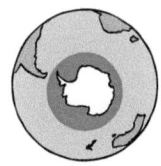

Антарктичний океан

Антарктички океан

Північний Льодовитий океан

Арктички океан

Північний полюс

Северни рол

Південний полюс
....
Јужни рол

Антарктика
....
Антарктик

Земля
....
земља

суша
....
земља

море
....
море

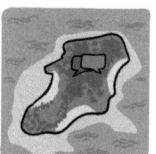

острів
....
оток

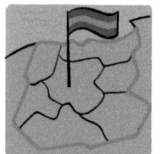

нація
....
нација

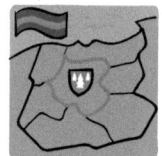

держава
....
држава

циферблат

бројчаник сата

годинникова стрілка

сатна казаљка

хвилинна стрілка

минутна казаљка

секундна стрілка

секундна казаљка

Котра година?

Колико је сати?

день

дан

час

време

зараз

сада

цифровий годинник

дигитални сат

хвилина

минута

година

час

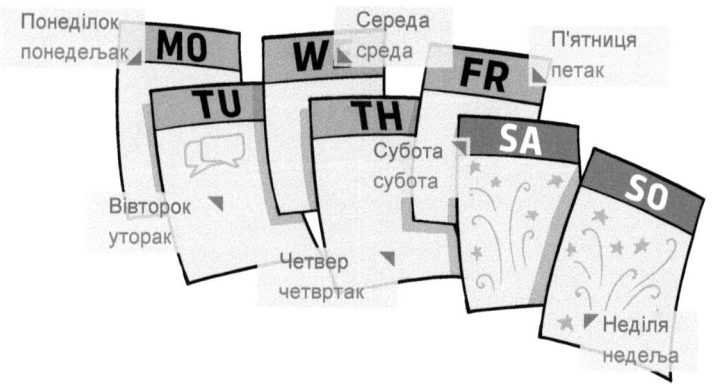

Понеділок
понедељак

Середа
среда

П'ятниця
петак

MO

W

FR

TU

TH

SA

SO

Субота
субота

Вівторок
уторак

Четвер
четвртак

Неділя
недеља

вчора

јуче

сьогодні

данас

завтра

сутра

ранок

јутро

опівдні

подне

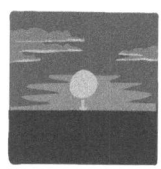

вечір

вече

робочі дні

радни дани

кінець робочого тижня

викенд

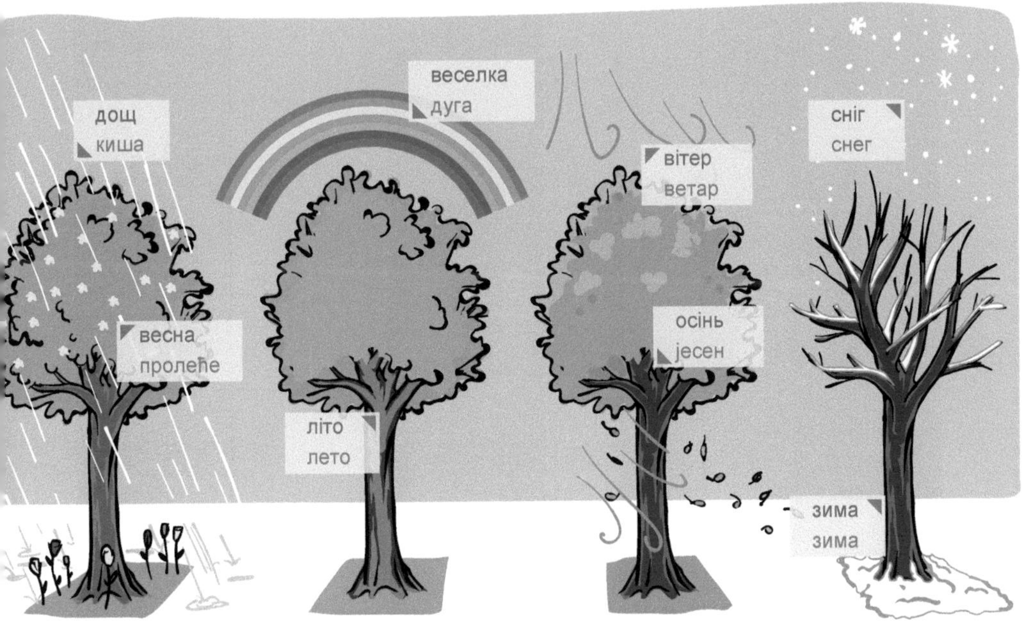

дощ
киша

веселка
дуга

вітер
ветар

сніг
снег

весна
пролеће

літо
лето

осінь
јесен

зима
зима

прогноз погоди

метеоролошка прогноза

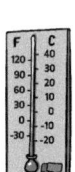

термометр

термометар

сонячне світло

сунчана светлост

хмара

облак

туман

магла

вологість повітря

влажност ваздуха

блискавка

муња

грім

грмљавина

шторм

олуја

град

туча

мусон

монсун

повінь

поплава

лід

лед

Січень

јануар

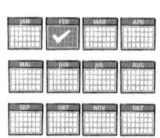

Лютий

фебруар

Березень

март

Квітень

април

Травень

мај

Червень

јуни

Липень

јули

Серпень

август

рік - година

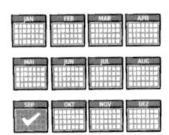

Вересень
....
септембар

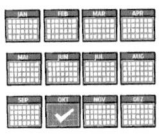

Жовтень
....
октобар

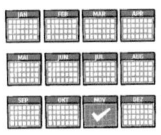

Листопад
....
новембар

Грудень
....
децембар

круг
....
круг

квадрат
....
квадрат

прямокутник
....
правоугао

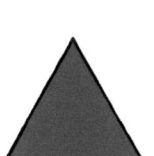

трикутник
....
троугао

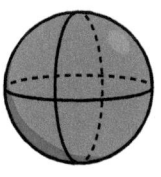

куля
....
кугла

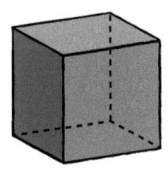

куб
....
коцка

фарби

боје

білий

бела

жовтий

жута

помаранчевий

наранџаста

рожевий

ружичаста

червоний

црвена

фіолетовий

љубичаста

синій

плава

зелений

зелена

коричневий

смеђа

сірий

сива

чорний

црна

багато / мало

много / мало

лютий / мирний

љутито / мирно

гарний / бридкий

лепо / ружно

початок / кінець

почетак / крај

великий / малий

велико / малено

світлий / темний

светло / тамно

брат / сестра

брат / сестра

чистий / брудний

чисто / прљаво

завершений /
незавершений
потпуно / непотпуно

день / ніч

дан / ноћ

мертвий / живий

мртво / живо

широкий / вузький

широко / уско

їстівний / неїстівний

jестиво / неjестиво

злий / дружній

зло / добро

збуджений / нудьгуючий

узбуђено / досадно

товстий / тонкий

дебело / мршаво

спочатку / востаннє

на почетку / на краjу

друг / ворог

приjатељ / неприjатељ

повний / порожній

пуно / празно

жорсткий / м'який

тврдо / мекано

важкий / легкий

тешко / лагано

голод / спрага

глад / жеђ

хворий / здоровий

болесно / здраво

незаконний / законний

илегално / легално

розумний / дурний

паметно / глупо

вліво / вправо

лево / десно

поруч / далеко

близу / далеко

новий / використаний

ново / половно

нічого / щось

ништа / нешто

старий / молодий

старо / младо

вкл / викл

укључено / искључено

відкрито / закрито

отворено / затворено

тихо / гучно

тихо / гласно

багатий / бідний

богато / сиромашно

правильно / неправильно

тачно / погрешно

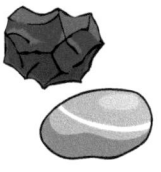

шорсткий / гладкий

храпаво / глатко

сумний / щасливий

тужно / сретно

короткий / довгий

кратко / дуго

повільно / швидко

полако / брзо

вологий / сухий

мокро / сухо

гарячий / холодний

топло / хладно

війна / мир

рат / мир

протилежності - супротности

числа

брójеви

0

нуль

нула

1

один

један

2

два

два

3

три

три

4

чотири

четири

5

п'ять

пет

6

шість

шест

7

сім

седам

8

вісім

осам

9

дев'ять

девет

10

десять

десет

11

одинадцять

једанаест

12

дванадцять
....
дванаест

13

тринадцять
....
тринаест

14

чотирнадцять
....
четрнаест

15

п'ятнадцять
....
петнаест

16

шістнадцять
....
шестнаест

17

сімнадцять
....
седамнаест

18

вісімнадцять
....
осамнаест

19

дев'ятнадцять
....
деветнаест

20

двадцять
....
двадесет

100

сто
....
стотину

1.000

тисяча
....
хиљаду

1.000.000

мільйон
....
милион

числа - бројеви

англійська

енглески

американська англійська

амерички енглески

китайська
високочиновницька

мандарински кинески

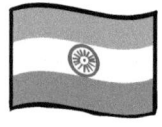

хінді

хиндски

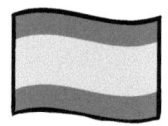

іспанська

шпански

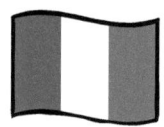

французька

француски

арабська

арапски

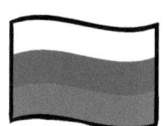

російська

руски

португальська

португалски

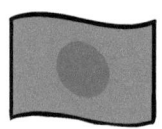

бенгальська

бенгалски

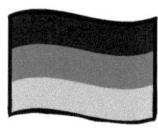

німецька

немачки

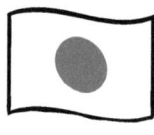

японська

jапански

я
ja

ти
ти

він / вона / воно
он / она / оно

ми
ми

ви
ви

вони
они

хто?
Ко?

що?
Шта?

як?
Како?

де?
Где?

коли?
Када?

HELLO, I AM

ім'я
име

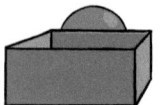

ззаду

иза

в

у

перед

испред

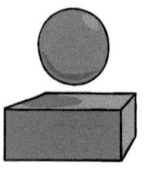

над

преко

на

на

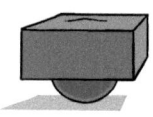

під

испод

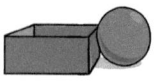

біля

поред

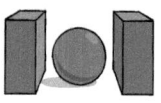

між

између

місце

место